NFÉRENCE BONCENNE

DES DROITS
DU
NJOINT SURVIVANT
NS L'HÉRÉDITÉ DE L'ÉPOUX PRÉDÉCÉDÉ

EXAMEN CRITIQUE D'UNE PROPOSITION DE LOI
PRÉSENTÉE PAR M. DELSOL A L'ASSEMBLÉE NATIONALE

PAR

PAUL HAZARD

Substitut du Procureur de la République à Niort.

NIORT
TYPOGRAPHIE DE L. FAVRE
AVRIL 1875

CONFÉRENCE BONCENNE

(Palais de Justice de Niort.)

DES DROITS
DU
CONJOINT SURVIVANT

DANS L'HÉRÉDITÉ DE L'ÉPOUX PRÉDÉCÉDÉ

DISCOURS PRONONCÉ A LA SÉANCE DE RENTRÉE DE LA CONFÉRENCE
LE VENDREDI 21 NOVEMBRE 1873

PAR

PAUL HAZARD

Substitut du Procureur de la République

VICE-PRÉSIDENT DE LA CONFÉRENCE

NIORT
TYPOGRAPHIE DE L. FAVRE
1874

A

M. TIBURCE SAUVÉ

DOCTEUR EN DROIT

Procureur de la République à Limoges

Président honoraire de la Conférence

Mon cher Ami,

Permettez-moi d'inscrire votre nom sur la première page de cette modeste brochure qui se trouvera ainsi placée sous votre patronage.

Lorsqu'à la reprise des travaux de la Conférence Boncenne j'ai lu à nos collègues mon étude sur les Droits du Conjoint survivant, *à laquelle l'indulgence de notre règlement impose la qualification pompeuse et vraiment trop ambitieuse de Discours de Rentrée, vous étiez Président de notre Association. Depuis, des circonstances indépendantes de ma volonté ont, jusqu'à ce jour, retardé la publication de cet opuscule.*

Dans l'intervalle, vous avez quitté le barreau de Niort pour rentrer dans la Magistrature, et la confiance de nos collègues m'a appelé à l'honneur de vous succéder dans la direction des travaux de cette Conférence, à la fondation de laquelle nous avions participé l'un et l'autre et dont vous aviez été par trois fois élu Président.

Peut-être l'Etude que je publie aujourd'hui, et que vous aviez comme Président jugée trop bienveillamment, n'a-t-elle pas été tout-à-fait étrangère à la faveur dont j'ai été l'objet au moment où vous vous êtes démis de vos fonctions ?

Quoi qu'il en soit, puisque nous voici séparés, je m'empresse de vous offrir et vous prie d'accepter l'hommage de cet opuscule, en souvenir de notre longue collaboration à la Conférence Boncenne, de nos luttes courtoises de l'audience et surtout de nos excellentes et intimes relations pendant les trois années où vous avez appartenu au barreau de Niort !

Veuillez agréer, mon cher Ami, la nouvelle et sincère expression de mes sentiments les plus affectueux et les plus dévoués.

PAUL HAZARD,

Président de la Conférence Boncenne.

Niort, ce 1er août 1874.

DES DROITS DU CONJOINT SURVIVANT

DANS L'HÉRÉDITÉ DE L'ÉPOUX PRÉDÉCÉDÉ

(Examen critique d'une proposition de loi présentée par M. DELSOL *à l'Assemblée nationale)*

MESSIEURS,

Le mariage se dissout légalement par la mort de l'un des époux. Mais, s'il est une idée consolante, c'est assurément de songer que l'union, dont le terme vient de sonner sur cette terre, a laissé des liens qui ne sont pas complétement rompus et qu'elle subsiste encore jusqu'à un certain point, ne fut-ce que par le souvenir. Cette idée est particulièrement vraie quand c'est la mort de l'époux qui amène la dissolution du mariage, car la femme, tant qu'elle survit à son mari, conserve dans le monde, avec son nom, le rang qu'il y possédait. Or, cette position demande à être honorablement soutenue : il paraît à la fois raisonnable que la Loi garantisse à la femme les moyens d'y subvenir, et très équitable que les exigences de cette situation soient à la charge des biens de l'époux à qui elle est due. C'est bien ainsi que les Romains comprenaient les obligations de l'union conjugale quand ils la définissaient : « *Viri mulierisque conjunctio, individuam vitæ consuetudinem continens.* »

Il est toujours fort pénible de voir une femme qui a tenu dans la société un rang élevé, traîner dans la misère, après la mort de son mari, un titre désormais sans éclat, et, dans un ordre d'idées plus élevé, il est malheureusement trop fréquent que la veuve — dont l'existence n'est pas assurée — ne trouve, de la part des collatéraux de son conjoint, qu'indifférence et abandon. Enfin, n'est-il pas scandaleux de voir une mère, habituée à l'opulence, tomber à la mort de son mari dans une situation inférieure et tout-à-fait humiliante vis-à-vis de ses enfants, tandis que ceux-ci vivront dans le luxe dont naguère elle jouissait grâce à leur père? Et remarquez que cette sorte de déchéance ou de décadence se produit le plus souvent à une époque déjà avancée de la vie : elle en est d'autant plus pénible et plus regrettable !

Ce spectacle si attristant, et dont nous voyons de trop fréquents exemples, contraste étrangement avec l'idée si noble et si élevée que nous nous faisons du mariage et de ses devoirs : les obligations d'assistance et de protection qu'il fait naître sont de telle nature qu'elles doivent forcément se continuer dans le veuvage ; c'est la conséquence naturelle, et ce doit être la conséquence légale, de ce lien — aussi étroit que celui du sang — que le mariage établit entre les deux époux, des effets qu'il produit et de la solidarité d'existence qu'il entraîne pendant toute la vie des conjoints.

Ces considérations de l'ordre philosophique et moral, qui s'appuyent en même temps sur de hautes convenances publiques et sociales, vous convaincront sans doute, Messieurs, de prime-abord, qu'une bonne Législation doit assurer un droit matrimonial au Conjoint survivant dans la succession de l'époux prédécédé. Mais ces principes, précisément, trouvent-ils dans nos Lois françaises une application suffisante? Il est permis d'en douter.

L'article 767 du Code Civil est ainsi conçu : « *Lorsque le défunt ne laisse ni parents au degré successible, ni enfants naturels, les biens de sa succession appartiennent au conjoint non divorcé qui lui survit.* » Aucun autre texte ne sauvegarde les intérêts et ne consacre les droits de ce Conjoint. Or, comme les parents sont successibles jusqu'au 12me degré [1], le droit héréditaire, résultant de cet article 767, est le plus souvent illusoire et équivaut presque à une véritable exclusion de la succession. On objecte, il est vrai, que cette regrettable parcimonie de la Loi dans le réglement du droit successoral *ab intestat* du Conjoint survivant est atténuée, sinon compensée, par les facilités données aux époux par le même Code pour s'avantager largement au moyen de libéralités entre-vifs ou testamentaires [2]. Mais, nombre d'unions ont lieu sans contrat de mariage et surtout sans stipulation de survie; certains époux répugnent à user de l'initiative que la loi leur laisse; d'autres ne se hâtent point assez d'en profiter et sont surpris par la mort avant d'avoir, par aucune disposition, assuré l'avenir de leur conjoint : toute leur fortune passe à leurs héritiers naturels, fussent-ils d'un degré de parenté éloigné et parfaitement indifférents au défunt ! Il serait donc utile et juste que la Loi, dans sa sollicitude, remédiât par avance à ces surprises et réparât par sa prévoyance la négligence des particuliers : elle ne le fait pas cependant.

Cette lacune évidente, que nous signalons à regret dans notre Code Civil, l'initiative de M. Delsol, député de l'Aveyron, a convié l'Assemblée Nationale à la réparer. A la séance du 21 mai 1872, cet honorable et savant professeur de Droit déposait une « Proposition de loi ayant pour objet *de modifier les droits de l'époux survivant sur la succession de son Conjoint prédécédé* », et, le 14 juin suivant, la 12me commission d'initiative parlementaire, qui comptait dans son sein un nombre respectable de

(1) Art. 755, même Code.

(2) « Pour les donations entre futurs époux par contrat de Mariage, tout est privilégié, la forme de la disposition, la capacité de disposer, la modalité de la disposition... : on peut disposer plus facilement (art. 1087), plus tôt (art. 1095), plus librement (art. 1094) qu'en faveur d'un étranger. » (M. BOISSONNADE, *Histoire des droits de l'époux survivant*, n°s 540 & 561.)

Jurisconsultes, concluait, dans un rapport sommaire, à la prise en considération du projet de Loi. L'Assemblée ayant décidé que, préalablement à la discussion, les grandes compagnies judiciaires seraient consultées, M. le Garde des Sceaux a provoqué récemment sur cette question l'avis des Cours d'Appel et la haute appréciation de la Cour suprême qui vient de confier à une commission de 14 membres le soin d'examiner, de la façon la plus approfondie, la proposition de M. Delsol [1]. Enfin, l'Institut a couronné, cette année même, un savant Mémoire de M. Boissonnade, agrégé à la Faculté de Droit de Paris, sur l'*Histoire des Droits de l'époux survivant*.

C'est assez dire que la question des droits des Conjoints après la dissolution du mariage par la mort est considérée par tous les hommes compétents comme un point de Législation d'une haute importance, digne des plus sérieuses méditations; et, puisque cette question parait avoir en ce moment un certain intérêt d'actualité [2], j'ai pensé, Messieurs et chers Collègues, que ce serait employer utilement cette première soirée, à la reprise de nos travaux, que d'étudier — avec l'attention minutieuse qu'il mérite — cet intéressant problème et d'examiner si, parmi les solutions diverses qu'il comporte, la proposition de Loi de M. Delsol est le meilleur remède que puisse apporter l'Assemblée à la grave lacune signalée, avec juste raison, dans notre Code Civil, par ce jurisconsulte.

(1) Le Rapport fait au nom de cette commission par M. le conseiller Baudoin a été publié par *le Droit*, dans ses N^os des 25, 26-27 et 28 janvier dernier. Nous reproduirons, dans des notes spéciales (p. 24 et 27), les conclusions de ce très intéressant Rapport, qui ont été adoptées par la Cour de Cassation, toutes Chambres réunies, dans son Assemblée du 24 janvier. — (*Juin 1874*.)

(2) « Un mouvement assez prononcé de l'opinion publique, dit M. le conseiller BAUDOIN dans son *Rapport*, réclame avec persistance une innovation en cette matière; mais on est loin d'être d'accord sur celle qu'il convient d'introduire. »

I.

HISTORIQUE.

Après avoir recherché, comme nous l'avons fait au début de cette étude, l'établissement philosophique du *Droit matrimonial*, il vous paraitra sans doute naturel, Messieurs, de suivre la question à toutes les époques de l'histoire et chez les différents peuples. En effet, si, dans cet examen, nous rencontrons le droit matrimonial établi successivement dans la législation de tous les pays, ce sera assurément une présomption considérable en faveur de son utilité, et il deviendra indispensable de l'introduire dans notre Code Civil.

Le Droit Romain classique, auquel nos jurisconsultes les plus éminents ont emprunté tant de règles admirables, n'avait pas eu d'abord à s'occuper de la femme survivante, car la *conventio in manum*, en plaçant l'épouse au rang de fille dans la famille de son mari, lui assurait une part d'enfant dans la succession de celui-ci; mais, lorsque plus tard les noces n'engendrèrent plus la *manus* et que celle-ci tomba en désuétude, la femme devenue, dans la rigueur du Droit Civil, une étrangère sous le toit de son mari, trouva une protection nouvelle dans le Droit Prétorien et la Coutume. La *donatio ante nuptias*, qui se généralisa promptement, fut pour elle une sorte de *douaire*, et un douaire obligatoire, car on sait que des Constitutions impériales ordonnèrent qu'elle serait toujours égale à la dot. A défaut de parents, la possession de biens *unde vir et uxor* appelait l'époux survivant à l'hérédité de son Conjoint prédécédé. Enfin, en présence de parents et à défaut de *donatio ante nuptias*, l'empereur Justinien, dans ses Novelles (Nov. 53, chap. 6, - 74, ch. 5, et 77, ch. 5), avait accordé une partie de la succession d'un mari opulent à la veuve qui n'avait pas les moyens de subsister honorablement; ce droit était du *quart* des biens en usufruit, s'il restait des enfants issus du mariage commun, et en pleine propriété, si les enfants étaient d'un autre lit ou si la femme ne se trouvait en concours qu'avec des ascendants ou des collatéraux. Concédé d'abord à la veuve indotée seule, ce droit avait été étendu plus tard au mari survivant, puis il avait été enlevé à ce dernier.

Du Droit Romain, le système des Novelles passa dans notre ancienne législation sous le nom de *Quarte du Conjoint pauvre* ou *Augment de dot*, et il subsista dans nos pays de Droit Ecrit pendant toute la durée de l'ancienne Monarchie [1]. Les pays de Droit Coutumier suivirent de préférence une autre règle, d'origine germaine, mais tout-à-fait analogue, et la femme y eut le *Douaire*, c'est-à-dire une dot apportée par le mari. Il importe de s'en faire une idée précise.

Chez les Germains, la femme ne recevait jamais de dot; d'un autre côté, dès qu'elle était sortie de la maison paternelle pour se marier, elle perdait tout droit de succession sur les biens de sa famille: aussi, le mari avait-il coutume de l'indemniser en quelque sorte en lui faisant des cadeaux ou présents de première nuit (*Morgengab*), destinés à devenir sa propriété si elle lui survivait. Dans les pays de Droit Coutumier, on désignait ces cadeaux sous le nom générique de Douaire; la quotité en était variable à l'origine, suivant les diverses Coutumes, mais Philippe-Auguste la fixa à la moitié des biens de l'époux. Henri III, roi d'Angleterre, alors en possession d'une partie du royaume de France, la réduisit au tiers dans les provinces soumises à sa domination, et cette

(1) « Un gain de survie, désigné sous le nom d'*augment de dot*, était attribué à la veuve; le *contre-augment* ou contre-partie de la dot était accordé au mari, et, à défaut de dot, la *Quarte du Conjoint pauvre* était admise : la jurisprudence avait supprimé la différence entre le veuf et la veuve. » (*Rapport* de M. BAUDOIN.)

différence, quant à la quotité du droit, subsista dans ces diverses provinces jusqu'à la Révolution.

Pothier définissait ainsi le Douaire *légal*[1] : « Ce qui « est accordé à la femme sur les biens de son mari pour « ses aliments, pour sa subsistance au cas qu'elle survive. » Cet usufruit attribué à la femme, suivant les uns par générosité présumée, pour prix de la virginité de l'épouse, et suivant les autres en récompense des soins donnés au mari, *s'éteignait*, selon Cujas, Dumoulin et la majorité des auteurs, par l'entrée en religion. L'adultère, l'abandon du domicile conjugal, la conduite impudique pendant la première année de deuil étaient les principales causes de *privation* de ce droit matrimonial.

Si maintenant nous voulons comparer le Douaire et la Quarte du Conjoint pauvre, nous trouverons que trois différences principales les séparent :

1° La Quarte, établie surtout dans l'intérêt de la femme, lui reste en toute propriété à défaut d'enfants ; le Douaire, au contraire, est, dès le jour du contrat, une donation irrévocable, faite dans l'intérêt du mariage, c'est-à-dire de la femme comme des enfants à naitre ; ces derniers sont nus-propriétaires ; s'ils meurent, le droit passe à leurs héritiers, et la femme n'a jamais que l'usufruit ;

(1) Il faut bien remarquer que le *Douaire*, comme l'*Augment de dot* (dont l'origine remonte à la *donatio ante nuptias*), avait commencé par être purement conventionnel : plus tard, il devint légal lorsque les Novelles, pour le Droit Romain, les Coutumes et Philippe-Auguste, pour le Droit Germanique, attribuèrent à la femme un droit fixe.

Il y eut dès lors un Douaire et un Augment de dot *légaux*, et il subsista à côté d'eux un Douaire et un Augment de dot *conventionnels*, car le mari put toujours, au-delà de la quotité invariable, attribuer à la femme des *Gains de survie* par donation antenuptiale. Nous n'avons évidemment à nous occuper ici que du droit *légal*.

Il est bien entendu que ces divers avantages matrimoniaux existaient, dans l'ancienne France comme sous l'empire du droit Prétorien, sans préjudice de la vocation héréditaire du Conjoint, à défaut de parents et par préférence au fisc.

2° Par une conséquence de cette différence de principes, la Quarte, droit éventuel, se perd par le convol en secondes noces : il n'en est pas de même du Douaire, Droit irrévocable, à moins cependant que le nouveau mariage ne soit contracté avec une personne de condition inférieure ;

3° La Quarte n'étant pas un droit acquis, les enfants n'en héritent pas si leur mère vient à mourir avant son mari : au contraire, nous avons dit que le Douaire était pour eux une donation irrévocable, sauf réserve d'usufruit pour la mère : c'est, dans les pays de Coutume, une véritable *constitution de dot ;* elle ne diffère de la dot romaine qu'en ce qu'elle provient du mari au lieu de provenir de la femme, et elle est, comme cette dot, une propriété inaliénable, indestructible et munie d'hypothèque.

Il n'est pas difficile, étant donné le but du droit matrimonial, de se convaincre que, sur le troisième point surtout, le Droit Romain — qui réduit cet avantage à une sorte de dette alimentaire — est bien préférable au système d'origine germaine, et c'est à la Quarte du Conjoint pauvre que nous aurons sans cesse à nous reporter en établissant les règles du Droit réclamé par M. Delsol.

Cependant, cette étude historique ne serait pas complète si nous n'y joignions certaines indications sur la Législation, en cette matière, des pays qui nous entourent.

Le Code Prussien accorde un droit de successibilité à l'époux survivant : celui-ci prime les parents du défunt à partir du 7me degré et est investi, en outre, d'une *Réserve légale.* — En Bavière, le Conjoint a droit à divers avantages, dont la quotité varie suivant qu'ils sont recueillis par le mari ou par la femme. — Dans le grand-duché de Bade, lorsqu'il n'existe pas d'enfants issus du mariage, l'époux survivant, sauf convention contraire, recueille l'usufruit de la totalité de la succession de son Conjoint ;

en outre, la Loi, plus large que dans tous les autres pays, lui accorde même un usufruit du quart sur les biens des parents de ce Conjoint prédécédé.

En Autriche, le droit matrimonial de l'époux qui survit, et contre lequel la séparation de corps n'a pas été prononcée, lui est toujours accordé en pleine propriété, à moins qu'il ne vienne en concours avec des enfants; ce droit est de la totalité de la succession, s'il n'existe pas de parents au degré successible, — du quart, s'il se présente des ascendants ou des collatéraux, — enfin, de l'usufruit soit du quart, soit d'une part d'enfant, s'il y a des enfants et suivant leur nombre.

En Suisse, dans le canton de Vaud, la réglementation, dans un but d'équité, est encore plus compliquée. S'il ne se présente ni enfant, ni père, ni mère, ni frère, ni sœur, ni descendants d'eux, le Conjoint survivant prend la moitié des biens en *pleine propriété;* il n'en a que le quart, s'il vient en concours avec les père et mère, frères ou sœurs et descendants d'eux; enfin, s'il existe des enfants, le Conjoint a l'*usufruit* de toute la succession jusqu'à leur majorité ou leur mariage, et il n'a plus, à partir de cette époque, que la moitié des biens qui reviennent à ces enfants du chef de l'époux décédé.

Le nouveau Code Civil Italien, publié en 1865 et qui est une édition corrigée du Code Napoléon, accorde au Conjoint survivant, contre lequel la séparation de corps n'a pas été prononcée, un droit d'usufruit, une part en propriété ou un rang de successibilité, suivant la qualité des héritiers avec lesquels il concourt; une section spéciale du titre des Successions est consacrée à cette matière [1]. — D'après l'ancienne Loi Sarde, le droit matrimonial, attribué toujours en usufruit, était du quart de la succession ou d'une part d'enfant, suivant les cas, et s'éteignait par le convol en secondes noces. — Sans

(1) Sezione V : *Dei diritti del coniuge superstite* (art. 753-757).

quitter l'Italie, remarquons que la Législation de l'ancien royaume des Deux-Siciles méritait d'être citée pour une disposition toute particulière: elle établissait, pour l'époux *privé de fortune* (comme sous le régime des Novelles), une pension alimentaire correspondant à l'usufruit du quart des biens du Conjoint prédécédé ou d'une part d'enfant.

Enfin, si nous voulons pousser nos recherches jusqu'à la Louisiane, où l'excellent Code de M. Livingston peut offrir aux législateurs de toutes les nations tant de précieux enseignements, nous y remarquons que, dans l'ordre des successions, la femme est préférée à l'enfant naturel et que le mari n'a pas le même avantage : il y a là une bizarrerie qui n'est pas à la hauteur des autres dispositions de ce Code.

De tous ces faits, Messieurs, que faut-il conclure, sinon que, diversement appliqué suivant les pays, le principe du *droit matrimonial* est universellement admis ? Et n'y a-t-il pas lieu de s'étonner que le Code Civil, en dépit de notre Droit ancien et de la pratique de tous les peuples, ne l'ait point consacré ? Comment se montre-t-il si peu favorable au Conjoint, le reléguant au dernier rang et lui préférant les parents les plus éloignés de l'époux prédécédé? Quels sont les motifs d'une telle rigueur ? Le législateur, qui réglait évidemment la dévolution des biens après décès suivant le degré présumé d'affection du défunt pour ses parents et avec l'intention sincère de fortifier la famille, ne devait-il pas préférer le Conjoint à la plupart des collatéraux, sinon à tous ? Il est cependant manifeste que nous portons à notre Conjoint une affection bien plus vive que celle que nous accordons à des parents du quatrième..., du sixième..., du douzième degré ; et, si l'on objectait la crainte de faciliter, en plaçant le Conjoint au premier ou à l'un des premiers rangs, la transmission des biens d'une famille dans une autre, nous rappellerions que la plupart des nations étrangères ont su échapper à ce danger en appelant l'époux survivant à l'usufruit et les parents, même éloignés, à la nue-propriété des biens.

C'est à une méprise, à une erreur matérielle, qu'il faut attribuer cette rigueur que nous déplorons dans notre Législation. Lorsque, dans la discussion du Code, on arriva au titre des Successions et notamment à l'article qui porte aujourd'hui le n° 767, M. de Maleville fit remarquer que le Conjoint survivant était oublié et, rappelant l'ancienne jurisprudence qui accordait un usufruit ou une pension à l'époux dans le besoin, proposa une disposition de même nature; personne ne contesta le caractère équitable de cette motion, mais un autre membre du Conseil d'Etat, M. Treilhard, objecta qu'elle était inutile parce que, disait-il, l'article 55 (du projet) avait *déjà* attribué au Conjoint le droit de concourir pour l'usufruit avec les collatéraux et lui en accordait un tiers. Or, cet article 55 (aujourd'hui 754) traite des droits d'usufruit *du père ou de la mère survivant* sur la portion des biens de leur enfant à laquelle ils ne succèdent pas en propriété, et leur attribue l'usufruit du tiers de la moitié des biens héréditaires qui revient aux collatéraux. Il y avait donc là un malentendu, mais l'erreur de M. Treilhard ne fut pas relevée et empêcha seule de donner suite à la proposition de son collègue [1].

Il parait donc acquis que la rigueur excessive de notre Code pour le Conjoint survivant n'a jamais été réellement dans la pensée de ses rédacteurs. Aussi n'est-il point

(1) « On fit observer qu'il avait été pourvu à cette situation intéressante par un autre article du Code, article qui ne se trouve nulle part, en sorte que, si le Conjoint n'a pas d'enfants de l'époux prédécédé auxquels, suivant l'article 205, il puisse demander des aliments, il se trouvera réduit à la misère en face d'héritiers opulents. » (MALLEVILLE, *Analyse raisonnée* de la discussion du Code Civil au Conseil d'Etat, 1804-5, t. I; — V. aussi FENET, t. XII, p. 38.)

étonnant que des tentatives aient été déjà faites pour obtenir la réparation d'une méprise aussi funeste.

L'Assemblée Législative fut saisie, en 1851, par M. Bourzat d'une proposition presque identique à celle de M. Delsol : la commission d'initiative parlementaire, au rapport de M. Thomine-Desmazures, se prononçait contre la prise en considération du projet de loi, qui fut cependant renvoyé par la Chambre à l'examen d'une commission spéciale : celle-ci, pour maintenir les principes généraux du Code en matière de successions, repoussa, à une forte majorité, l'établissement au profit du Conjoint survivant d'un droit *héréditaire* quelconque, soit en pleine propriété, soit en usufruit, à titre de réserve ou révocable ; mais, à la proposition primitive, elle crut devoir substituer l'institution d'une sorte de pension *alimentaire*, équivalente à l'usufruit de la quotité disponible et ne devant jamais frapper la moindre partie de la réserve, au profit de l'époux laissé dans le besoin par la mort de son Conjoint. Ces résolutions de la commission furent consignées dans un fort remarquable rapport de M. Victor Lefranc, mais les événements ne permirent pas à l'Assemblée de discuter les conclusions de ce rapport, et le projet de loi ne reçut dès lors aucune suite.

Nous sommes donc toujours régis en cette matière par le système du Code Civil, mais que de fâcheuses conséquences peuvent en résulter ! Si le Conjoint laissé dans le besoin demande une pension alimentaire à ses enfants, il tombe sous leur dépendance absolue. Que si la fortune de l'époux décédé est, à défaut d'enfants, passée entre les mains d'ascendants ou de collatéraux, la situation est plus affreuse encore, car, aux termes d'une jurisprudence formelle, le survivant ne saurait réclamer des aliments aux héritiers de son Conjoint, — lorsqu'ils n'y sont pas tenus à raison de leur parenté, — même sur les biens qu'ils viennent de recueillir : attachée à l'existence du lien conjugal, l'obligation alimentaire est *personnelle* à celui qui en est débiteur, ne survit pas à la dissolution du mariage et ne peut, par conséquent, s'imposer à l'hérédité de l'obligé, même dans le cas où celui-ci, pendant sa vie, aurait été condamné par jugement à fournir des aliments [1].

II.

ANALYSE DE LA PROPOSITION DE M. DELSOL.

Un régime qui entraîne de si lamentables conséquences est assurément excessif : aussi avons-nous vu que les Législations étrangères, postérieures à notre Code, se sont bien gardées de le copier sur ce point. Faut-il continuer à subir une telle situation, ou bien n'est-il pas plus juste et plus sage de chercher à y porter remède ? Nous n'hésitons pas un instant, de même que l'honorable

(1) Cass. rej., 8 juillet 1857.

Le Tribunal de la Seine vient encore de décider qu'aucun texte de loi n'astreint l'enfant d'un père décédé à servir des aliments à la seconde femme de ce dernier, sa veuve survivante, qu'il n'existe à cet égard ni obligation de droit strict ni obligation naturelle, et qu'en conséquence l'engagement souscrit à cet effet est *nul pour défaut de cause* (Chambre temporaire, affaire Herra, jugement du 22 mai dernier, publié dans le N° du *Droit* du 27 juin 1874).

A l'encontre de la jurisprudence, parfaitement fondée, de la Cour de Cassation, quelques jurisconsultes, et notamment certains commentateurs du Code Civil, ont soutenu que le devoir alimentaire était *toujours* transmissible aux héritiers de l'obligé, même de la ligne directe à la ligne collatérale, mais il est constant que leur opinion n'a pas prévalu.

Toutefois, en présence du texte formel de l'art. 301 C. C., la Cour Suprême (Arrêts du 12 décembre 1848 et du 2 avril 1861) a dû établir une exception à sa jurisprudence en faveur de l'époux qui, ayant obtenu la séparation de corps contre son conjoint, l'a fait condamner à lui servir une pension alimentaire : les aliments devant, dans ce cas, être *pris sur les biens* du conjoint condamné, l'obligation de les fournir incombe aux héritiers de celui-ci.

M. Delsol, à répondre oui. Quant au remède à employer, en principe, il n'est pas malaisé à découvrir : il suffira de revenir à l'ancien Droit, avec cette différence toutefois qu'en vertu de nos principes actuels d'égalité, dans les successions aussi bien que dans les fortunes, il importe d'accorder aujourd'hui aux deux époux indifféremment ce qui, autrefois, n'était utile et n'existait effectivement que pour la femme.

Il est facile de reconnaître immédiatement, et l'étude de notre droit ancien aura sans doute suffi, Messieurs, pour vous en convaincre, qu'il existe beaucoup de manières d'établir le droit matrimonial ; mais, après examen, on s'aperçoit forcément que tout système sur cette matière doit fatalement se résoudre en deux termes principaux : ou un droit héréditaire, ayant pour essence une attribution en pleine propriété, ou bien un droit purement alimentaire, consistant essentiellement en usufruit.

L'honorable M. Delsol s'est arrêté à un système mixte et, suivant la qualité des héritiers avec lesquels le Conjoint survivant se trouve en concours, il lui concède une part en toute propriété ou en usufruit. Sa proposition de loi, dont nous devons maintenant vous faire connaître l'économie, modifie les articles 753, 755, 758 et 767 du Code Civil. La rectification des articles 753 et 758 est insignifiante : l'addition de quelques mots y consacre simplement le principe de l'innovation proposée. Au contraire, les anciens articles 755 et 767 sont complétés par un ou plusieurs paragraphes additionnels qui en modifient profondément la substance.

Aux termes du premier de ces articles (modifiés), le Conjoint, au cas de concours avec des parents du 7me au 12me degré — ou avec des enfants naturels [1], — recueil-

(1) M. Delsol ne le dit pas expressément à l'égard de ces derniers, mais cela découle d'une manière évidente de l'ensemble de son projet de loi (M. le conseiller Baudoin n'est cependant pas de cet avis).

lerait la *moitié* des biens de son époux décédé *en toute propriété.* Il continuerait à recueillir la totalité de la succession à défaut de parents au degré successible et d'enfants naturels (art. 767.)

Dans tous les autres cas, le Conjoint survivant aurait sur les biens de son époux un simple droit d'*usufruit*, établi dans les proportions suivantes (art. 767 nouveau) :

En cas de concours :

1° Avec des enfants communs, usufruit d'une part d'enfant légitime qui *ne pourrait être moindre que le quart* des biens ;

2° Avec des enfants nés d'un précédent mariage du défunt, usufruit d'une part d'enfant légitime le moins prenant, laquelle *ne saurait excéder le quart* des biens ;

3° Avec les successibles du 2me au 6me degré, *usufruit de la moitié* de la succession.

Ajoutons que, dans le système de M. Delsol, le convol en secondes noces ferait cesser le droit d'usufruit établi et réglé par l'article 767 modifié, et que l'époux contre lequel la séparation de corps a été prononcée serait privé de tous les avantages attribués par le projet de loi au Conjoint survivant.

Enfin, l'exposé des motifs de la proposition constate formellement que ces avantages, ces droits nouveaux, n'auraient pas le caractère d'une Réserve ; l'époux survivant pourrait donc en être privé, soit par voie de disposition explicite au profit d'autres bénéficiaires, soit même par simple exhérédation.

Cette rapide analyse vous indique assez, Messieurs, que l'honorable M. Delsol admet le principe du droit héréditaire, mais avec timidité et sans oser le pousser jusqu'au bout, puisqu'il le repousse dans le cas de concours avec les héritiers des 6 premiers degrés et le tempère vis-à-vis des parents plus éloignés, accordant alors au Conjoint la moitié seulement de la succession. Il serait plus logique assurément de rapprocher, d'un ou plusieurs degrés, le

Conjoint survivant de l'hérédité du prémourant et de lui attribuer sans partage son rang de successibilité, de façon à lui permettre de recueillir la totalité des biens par préférence aux héritiers des degrés subséquents.

Quoi qu'il en soit, le projet de loi de M. Delsol, tel qu'il est conçu, n'est pas suffisamment complet ; il laisse dans l'ombre, et par conséquent dans le doute, certaines questions inhérentes à la proposition et qu'il importait, ce nous semble, de trancher par avance plutôt que d'en laisser la solution à la jurisprudence [1]. On nous laisse ignorer, par exemple, si le Conjoint, par suite de son concours avec les héritiers, serait élevé à la même qualité ou s'il demeurerait *successeur irrégulier:* la saisine lui serait-elle conférée, ou bien continuerait-il à être astreint aux formalités d'apposition de scellés, d'inventaire, d'envoi en possession et d'emploi du mobilier ou de caution ? Nous ne savons pas davantage s'il y aurait lieu à réduction des libéralités du défunt en faveur des tiers, si le Conjoint survivant devrait imputer sur son droit héréditaire les dons et legs à lui faits par son époux, et si enfin ce droit successoral pourrait subir quelque atteinte par suite des clauses particulières insérées dans les contrats de mariage.

Mais ce sont là des points accessoires, et notre principal — pour ne pas dire notre unique — grief contre la proposition de l'honorable M. Delsol est la concession regrettable qu'elle fait, avec hésitation il est vrai, au système du Droit héréditaire dont il nous faut, par conséquent, démontrer maintenant les graves inconvénients.

(1) « Sommaire avec excès, dit M. BAUDOIN dans son *Rapport*, la proposition semble plus simple et moins grave qu'elle n'est en réalité ; ses prévisions sont insuffisantes : plusieurs décisions essentielles sont omises, qui devraient être exprimées. »

III.

DE L'ATTRIBUTION D'UN DROIT HÉRÉDITAIRE AU CONJOINT SURVIVANT.

« Il convient, en premier lieu, dit l'auteur de la proposition dans son exposé des motifs, d'assigner à l'époux un rang sérieux de successibilité. Il ne nous paraît pas conforme à la bienséance et à l'équité que le Conjoint survivant, dont le travail et l'économie ont été souvent fort utiles à la conservation ou au développement de la fortune de l'autre époux, soit relégué après tous les parents au degré successible, après les enfants naturels, et vienne seulement par préférence à l'Etat. Le lien conjugal, qu'on ne saurait trop affermir, veut que l'époux ait un autre rang dans l'ordre des successions. »

Voilà certes la théorie du droit héréditaire parfaitement exposée en quelques lignes : rappelons en passant que M. Delsol a reculé devant son application rigoureuse dans la pratique. Ce système, ainsi motivé, a certainement un côté séduisant ; mais qui ne s'aperçoit, dès le premier examen, qu'il faciliterait la transmission des biens d'une famille dans une autre et la dépossession des héritiers du sang, résultat qui ne saurait être conforme à l'intention présumée du défunt et que la Loi ne devrait point consacrer ? En outre, cette attribution des biens en toute propriété ne permettrait pas la suppression du douaire dans le cas de convol en secondes noces et pourrait ainsi enrichir les enfants d'un autre lit au détriment des propres enfants du conjoint du chef de qui venait la fortune : cette dernière conséquence serait véritablement scandaleuse.

En un mot, le système du droit héréditaire est inadmissible : il y a lieu de le repousser comme contraire à la logique de notre Loi successorale, comme périlleux et comme insuffisant.

Nous venons de voir, en effet, qu'il met l'intérêt du Conjoint survivant directement aux prises avec l'intérêt non moins respectable de la famille du prédécédé. Le droit héréditaire a été réservé par le Code à la parenté, c'est-à-dire à la consanguinité, et les collatéraux représentent une ligne de parents dont l'ordre est à la fois très-logique et très-naturel. Le principe sur lequel repose tout le système successoral de notre Législation est l'idée d'origine commune qui ne trouve point son application à l'égard du Conjoint, lequel n'est pas un parent, mais un allié, et c'est pour cela que le Code Civil, avec juste raison, le classe seulement parmi les *successeurs irréguliers*. Or, en l'appelant en concours avec les successibles ou en l'intercalant parmi eux, non pas en vertu d'un droit justifié par le besoin (comme dans l'ancien Droit), mais d'une façon absolue, alors même qu'il serait dans l'opulence et en présence d'héritiers pauvres, le système que nous combattons assimilerait l'époux aux parents, l'éleverait même au rang des successibles réguliers, et la chaîne des héritiers du sang se trouverait ainsi rompue.

Cette innovation ne serait pas, d'ailleurs, sans danger : « Si l'on intercalait à un degré quelconque de la ligne des parentés le droit si différent du Conjoint, dit M. Victor Lefranc dans son Rapport à l'Assemblée Législative, on briserait à cet endroit même la chaîne de la consanguinité et l'on donnerait une arme puissante à ceux qui voudraient rapprocher de la souche le droit du Fisc ; on ouvrirait une brèche par où tenterait de passer tôt ou tard cette innovation périlleuse pour la force et l'activité des familles. » La préférence qui serait accordée au Conjoint sur les successibles du 7me au 12me degré amoindrirait inévitablement la légitimité des droits de ces derniers et porterait une sérieuse atteinte à l'autorité de leur titre. Or, on connait maintenant mieux que jamais les tendances des ardents apôtres des Droits de la Société : ils ne manqueraient pas de vouloir, au préjudice de la ligne de consanguinité, conserver à l'Etat, au fisc, la place qu'on est habitué à lui voir occuper après le Conjoint, comme lui successeur irrégulier. Le système du droit héréditaire prêterait donc un fâcheux appui à des aspirations hostiles aux droits des familles et qui ont sapé déjà et menacent encore les bases de la Société.

J'ajoute que ce système est insuffisant, car l'époux survivant demeurerait sans droit aucun dans le cas où il se trouverait primé par des successibles d'un rang plus favorable. Ce reproche, je m'empresse de le constater, ne s'adresse point à la proposition de M. Delsol, qui accorde du moins un droit d'usufruit à l'époux en concurrence avec les héritiers du 2me au 6me degré.

Il n'est sans doute pas inutile de faire remarquer ici que l'honorable député de l'Aveyron et les autres partisans du droit héréditaire des Conjoints sont un peu trop affirmatifs et exclusifs lorsqu'ils font de l'affection présumée du défunt la base principale des droits successoraux. Le Législateur, assurément, a tenu grand compte de cette donnée, mais il s'est bien plus préoccupé de maintenir les biens dans la famille, afin de resserrer encore les liens de celle-ci par l'intérêt. M. Delsol convient, du reste, que le Code civil, en réglant la dévolution des biens après décès, a été guidé par la pensée de « fortifier la famille », mais interprète-t-il cette pensée dans le même sens que nous, et comment, dans tous les cas, peut-il en trouver l'application dans un système où, par le fait seul d'une survie souvent de peu de durée, les biens du défunt passeraient dans une famille complétement étrangère à ce dernier ? Ce serait là, en vérité, une singulière façon de fortifier la famille !

Enfin, pour achever de démontrer que la proposition soumise à l'Assemblée ne pourrait s'agencer dans notre

Loi successorale sans en troubler gravement l'harmonie, il convient de constater que l'attribution, en pleine propriété, à un époux de tout ou partie des biens de son conjoint serait en contradiction manifeste avec deux des principaux régimes matrimoniaux qui sont usités en France, le *Régime dotal* et celui de la *Séparation de biens*. Quoique la *Communauté* soit le régime légal entre époux, le régime dotal jouit encore d'une certaine faveur et est notamment en usage dans tout le Midi et en Normandie. Or, ce régime et celui de la Séparation de biens ont pour objet principal d'isoler les fortunes des deux époux, et la participation posthume de l'un à la propriété des biens de l'autre constituerait une étrange répudiation par la Loi de la volonté clairement exprimée par les Conjoints pendant toute leur vie. Quant à la Communauté, nous savons déjà qu'elle rend inutile, dans beaucoup de cas, l'attribution d'un avantage quelconque au survivant des deux époux, puisqu'elle associe en tout ou partie leurs intérêts.

Les diverses considérations qui viennent de passer sous vos yeux, Messieurs et chers Collègues, vous ont sans doute convaincus comme moi qu'il serait imprudent de chercher dans l'attribution d'un droit *héréditaire* un remède salutaire à la situation souvent si regrettable du Conjoint survivant. Je repousse donc sans hésiter le paragraphe additionnel par lequel l'honorable M. Delsol voudrait voir compléter l'article 755 du Code Civil [1].

(1) Conformément aux conclusions (prises sur ce point à l'unanimité) de sa commission, la Cour de Cassation a émis l'avis : « 1° Qu'il ne serait ni opportun ni prudent de mettre en discussion notre système successoral, et qu'il n'y a pas lieu, en tous cas, de le modifier par la concession d'un droit héréditaire au Conjoint survivant...... » — (*Juin 1874.*)

IV.

DE LA PENSION ALIMENTAIRE ET DE L'USUFRUIT MATRIMONIAL AU PROFIT DU CONJOINT SURVIVANT.

L'établissement d'un droit héréditaire une fois écarté, il faut, pour trouver la vraie solution du problème, revenir à la simple application du principe sur lequel, comme nous l'avons vu au début de cette étude, repose l'union conjugale, c'est-à-dire créer une sanction posthume aux devoirs qui naissent de la solidarité d'existence résultant du mariage. Pour donner satisfaction à ces obligations de protection et de subsistance, il suffit apparemment d'assurer annuellement au Conjoint survivant, jusqu'à la fin de son veuvage, une situation conforme à celle dont il jouissait avant le mariage.

Deux moyens se présentent pour parvenir à ce résultat: accorder au survivant une action alimentaire, ou bien établir en sa faveur un droit d'usufruit fixe et déterminé.

L'honorable M. Delsol a de grandes préventions contre le premier de ces systèmes: « Donner au Conjoint de simples aliments, dit-il dans son exposé des motifs, nous semblerait être une atteinte portée à l'honneur et à la considération qui doivent toujours l'entourer. Quoi de plus triste que les procès en pension alimentaire? Et ici le Conjoint survivant aurait le plus souvent à exercer ses réclamations contre ses propres enfants, en sorte que la mort de l'autre époux serait le signal de la désunion, sinon d'un conflit dans la famille..... »

Nous ne partageons point ces appréhensions, ou plutôt nous les trouvons exagérées.

Le système de la pension alimentaire est simple dans son principe: il puise sa source dans les droits et devoirs issus du mariage, subsistant après sa dissolution et auxquels l'affection filiale est présumée devoir subvenir d'elle-même; toutefois, malgré cette présomption, le Code

Civil garantit prudemment l'obligation alimentaire par une action qu'il donne à l'époux contre les enfants issus du mariage commun et qu'il étend dans une certaine mesure jusqu'aux gendres et belles-filles tant que dure le lien d'affinité. Or, la Loi, sagement défiante contre les enfants eux-mêmes, ne saurait se désintéresser au cas où il ne reste que des successibles éloignés qui représentent bien le prémourant au point de vue de l'hérédité, mais qui sont sans doute moins disposés que ses enfants à *le continuer* au point de vue de l'affection dévouée et de la sollicitude pour le survivant. De là l'utilité de l'extension de l'action alimentaire à l'encontre des collatéraux de l'époux prédécédé.

Mais ce système, si simple et qui a l'avantage de ne troubler aucunement l'harmonie de notre Loi successorale, n'est en réalité qu'une demi-mesure et n'atteint pas complétement le but recherché. La situation qu'il crée au conjoint survivant nous parait à la fois précaire et inférieure. A ce point de vue, les griefs de M. Delsol contre la dette d'aliments doivent être invoqués dans une certaine mesure. En effet, toute pension alimentaire est proportionnée aux besoins du créancier et aux facultés du débiteur ; l'appréciation de sa quotité présente donc des difficultés pour les tribunaux, et son montant, dans tous les cas, ne constitue guère qu'une garantie contre le dénûment et l'indigence ; en outre, ces sortes de procès sont fâcheux et fort tristes ; il est pénible pour l'époux survivant d'y recourir, et sa condition de solliciteur, pendant le veuvage, est peu en rapport avec l'égalité qui a dû exister entre les époux durant le mariage.

Si donc il est naturel et légitime, comme *suprême ressource*, de conserver l'action alimentaire contre les enfants et de l'étendre contre les autres successibles [1],

(1) On verra plus loin (page 29) comment nous réglementons le *droit de réclamer des aliments* comme accessoire de l'usufruit matrimonial.

cela ne nous paraît pas suffisant, et il convient que l'héritier, quel que soit son degré, supporte sur les biens de la succession un prélévement, fixe et indiscutable, en faveur du Conjoint survivant. Mais ce prélévement, pour ne pas conférer au veuvage d'autres avantages que ceux créés par le mariage lui-même, consistera, non dans une attribution quelconque de propriété, mais dans un simple droit d'usufruit, suffisant pour permettre à l'époux survivant de soutenir son rang dans le monde. De la sorte, aucune atteinte ne sera portée aux droits successoraux reconnus par le Code, et tous les intérêts en présence se trouveront sauvegardés sans conflit.

Nous nous rallions donc, sans hésiter, au principe du droit d'usufruit que l'honorable M. Delsol propose de créer en faveur du Conjoint en concours avec les successibles des premiers degrés, et il nous reste à faire connaitre les règles de cet usufruit particulier, que nous appellerons désormais *Droit Matrimonial* [1].

Suivant en cela l'exemple de M. Delsol, nous estimons

(1) La Cour de Cassation, sur les conclusions de sa commission, a émis l'avis : « ..... 2° Que la reconnaissance légale d'un *nouveau droit alimentaire* au profit du Conjoint survivant deviendrait souvent dans les familles, surtout à l'occasion des minimes héritages, une cause de procès ruineux; qu'elle serait difficilement conciliable avec les dispositions actuelles du Code sur l'obligation alimentaire, et qu'elle n'y pourrait être introduite qu'au moyen de changements qu'il serait indispensable de spécifier et dont plusieurs seraient regrettables. »

Le Rapport de M. le conseiller Baudoin nous apprend que des dissidences s'étaient produites, à l'égard de cette 2me conclusion, au sein de la commission et que plusieurs membres s'y prononçaient en faveur de la concession d'un droit alimentaire.

Le *droit matrimonial*, dont nous proposons l'établissement et qui a un caractère alimentaire, ne saurait donner lieu aux procès regrettables dont s'est préoccupée la Cour suprême. Nous spécifions, dans les Ve et VIe parties de notre travail, les changements que nécessiterait dans le Code l'introduction de ce nouveau droit, et nous espérons qu'aucun de ces changements ne paraîtra regrettable. — (*Juin 1874.*)

qu'il y a lieu d'incorporer ces règles dans le Code Civil. Cette remarque est, à notre sens, d'autant plus nécessaire qu'on apporte aujourd'hui, dans la rédaction des Lois, de fausses idées contre lesquelles il est sage de réagir. Quand certaines dispositions des Lois anciennes ne sont plus en rapport avec nos mœurs et qu'il faut les modifier, il y aurait lieu de procéder par incorporation à nos Codes, comme on l'a fait au Livre III du Code de Commerce, pour la Loi du 28 mai 1838 sur les faillites, et dans le Code Pénal pour la Loi du 13 mai 1863 ; et si cette intercalation présentait dans certains cas des difficultés trop considérables, il faudrait tout au moins faire un travail de coordination et s'arranger de façon à n'avoir qu'une Loi unique, mais complète, qui serait une sorte de Code de la matière et à laquelle il y aurait toujours lieu de se référer. Mais, depuis quelques années, on trouve plus commode le système des Lois spéciales et incomplètes; sur des questions qui sont déjà régies par quatre ou cinq Lois successives, on en fait de nouvelles, destinées à modifier quelques articles antérieurs et qui n'abrogent les précédentes « qu'en ce qu'elles ont de contraire aux présentes dispositions. » C'est une façon ingénieuse pour le législateur de diminuer sa tâche, mais le public — qui est censé connaître la Loi — ne peut se retrouver dans un pareil dédale. Par compensation et sous prétexte d'introduire l'équité dans ces Lois spéciales, on veut prévoir mille espèces particulières; au lieu de se référer aux principes généraux, on modifie incessamment le droit commun et, en tombant dans les détails, on crée des distinctions qui s'entre-choquent et bouleversent les idées des jurisconsultes eux-mêmes: comme on prétend avoir tout prévu et qu'on n'a point posé de règles fondamentales où le magistrat puisse se reporter, tout ce qui est oublié n'existe pas, et on laisse ainsi de graves lacunes. En un mot, pour vouloir trop légiférer, on marche de difficulté en difficulté, de confusion en confusion, de superfétation en superfétation. — Nous nous proposons donc de suivre une plus saine méthode.

V.

RÈGLES DU DROIT MATRIMONIAL.

Ces principes admis, il reste à choisir l'article du Code Civil qui conviendra le mieux pour servir de base à notre innovation. L'article 767, au chapitre *des Successions irrégulières* nous semble, comme à M. Delsol, indiqué à l'avance, puisqu'il est déjà consacré aux droits que le Code reconnaît à l'époux survivant, et nous serions d'avis de réviser cet article de façon à y introduire toutes les règles principales du nouveau droit matrimonial.

§ 1. *Quotité du droit.* — Il paraît tout d'abord naturel de déterminer le taux du droit matrimonial d'après le degré de parenté des successibles qui se présentent à l'hérédité en concours avec le conjoint. Nous savons déjà que M. Delsol a suivi cette méthode et réglé la proportion de l'usufruit de l'époux survivant en raison inverse de la qualité des héritiers en cause. Toutefois, la réglementation établie en l'article 767, modifié par la proposition, nous semble assez compliquée, encore bien qu'elle se préoccupe seulement des successibles des premiers degrés et non de tous les héritiers; on ne voit pas bien, d'ailleurs, sur quelle base M. Delsol a appuyé cette réglementation et comment il pourrait la continuer logiquement à l'égard des parents éloignés, puisqu'il épuise la quotité disponible en ce qui concerne les successibles du 6me degré et que, paraissant vouloir laisser intacte la réserve, il serait obligé de traiter avec la même faveur les héritiers au 12me degré, les ascendants et les frères ou sœurs de l'époux décédé.

Si donc on voulait suivre la même méthode que l'auteur de la proposition, il semblerait, dans tous les cas, plus avantageux de baser — et de presque calquer même — la division des degrés de parenté (des héritiers en concours) sur celle que le Code établit pour les successions dévolues aux enfants naturels [1], avec toutefois cette différence que, par analogie avec les articles 1094 et 1098, l'usufruit du conjoint ne devrait jamais porter sur plus de la moitié des biens successoraux et, en cas de secondes noces, serait réduit à une part d'enfant.

Mais il nous paraît difficile d'admettre qu'un droit alimentaire puisse subir de telles variations, et passer ainsi de la moitié au quart, pour des motifs étrangers à l'état de fortune du conjoint survivant. Il s'agit en effet, nous ne saurions trop le répéter, d'assurer à cet époux une existence honorable, non une succession, et, si l'usufruit du quart des biens du défunt suffit, dans certains cas, à assurer cette existence, il n'y a aucune raison sérieuse de le porter à la moitié dans d'autres cas. L'époux qui laissera seulement des collatéraux comme héritiers pourra, si bon lui semble, augmenter au moyen d'un legs la part de son conjoint, mais c'est là une question abandonnée à son libre arbitre, et la Loi, ne devant s'occuper que du nécessaire, n'a point à entrer dans les considérations qui pourraient déterminer l'époux à user de sa liberté de disposer par testament.

Nous proposerions donc de fixer au *quart de la succession en usufruit* le droit matrimonial à introduire dans l'article 767 du Code Civil et n'admettrions d'exception que dans le cas où il existerait des enfants issus d'un premier mariage du défunt : l'article 1098 du même Code limite alors à une *part d'enfant* les droits du second époux, et nous lui emprunterions volontiers cette sage restriction.

(1) Article 757 C. Civ.

§ 2. *Imputation du droit.* — Quelques jurisconsultes favorables au droit matrimonial voudraient qu'il fût pris sur la quotité disponible et ne pût, en aucun cas, préjudicier aux héritiers réservataires. L'honorable M. Delsol n'a pas eu à examiner cette question, mais nous n'hésitons pas à conclure de l'ensemble de son projet de loi qu'il est favorable à la théorie que nous venons d'indiquer. Il nous paraît, au contraire, difficile d'admettre cette proposition.

Comment, en effet, alors que tant de voix s'élèvent pour réclamer, avec peu de raison à notre sens, la liberté illimitée de tester ou tout au moins un élargissement considérable de la quotité disponible, pourrait-on songer à restreindre encore celle-ci et à l'anéantir presqu'entièrement par l'imputation — sur elle seule — du droit du conjoint? L'expérience n'indique-t-elle pas plutôt qu'une telle exagération serait le signal de la réaction contre les principes du Code? Serait-ce, d'ailleurs, bien conforme à ces principes? Notre Code Civil n'a jamais déterminé la réserve au point de vue actif et n'a pas dit, par exemple : « La réserve de l'enfant légitime sera de la moitié des biens.... » ; il a voulu, tout au contraire, déterminer la quotité disponible, et c'est ainsi qu'il dit (art. 913 et suiv.) : « Les libéralités, soit par « actes entre vifs, soit par testament, ne pourront excé- « der la moitié..., le tiers..., le quart des biens du dispo- « sant. » Le Code fixe de cette manière au quart le minimum de la portion des biens du testateur laissée à la libre disposition de celui-ci, et ce serait renverser toute l'économie de son système que de réduire cette part au quart *en nue-propriété* et d'enlever ainsi au disposant le droit de faire aucune libéralité qui puisse produire après sa mort un effet immédiat.

D'ailleurs, l'imputation du droit matrimonial sur la seule quotité disponible est du nombre des dispositions qui tendraient à enlever à ce droit le caractère d'une dette alimentaire. Or, s'il constitue une dette, il est juste que tous les héritiers, réservataires ou non, y contribuent en proportion de leur émolument, et nous serions d'avis de l'établir et d'en formuler l'imputation dans ces termes: « *Le droit matrimonial de l'épouse, en concours avec des héritiers légitimes ou des légataires, est une dette de la succession. Il est payé par les héritiers, même réservataires, et les légataires, chacun dans la proportion de ce qu'il recueille dans la succession.* »

§ 3. *Le droit matrimonial sera-t-il inaliénable?* — A la différence de certains auteurs, nous ne croyons pas devoir proclamer l'usufruit matrimonial *incessible et insaisissable*, parcequ'à nos yeux un cas spécial ne nécessite pas une dérogation aussi formelle aux principes du droit commun; toutefois, cette décision est assez grave pour que nous lui consacrions quelques développements.

Il est évident que nos adversaires, très logiques d'ailleurs, calquent sur ce point les règles du Douaire qui était, comme nous l'avons dit, une sorte de régime dotal. Mais le Droit ancien, en protégeant la femme par de pareilles mesures, avait abouti à prononcer l'inaliénabilité de plus de la moitié des fortunes. Des doctrines économiques toutes opposées tendent à prévaloir de nos jours: le régime dotal est l'objet d'attaques souvent justifiées et, sans nous préoccuper ici de sa suppression éventuelle, nous pensons que du moins il est sage de ne pas étendre le principe de l'incessibilité. Cependant, objecte-t-on, toute pension alimentaire est incessible et insaisissable, et le droit du Conjoint, étant alimentaire, doit être soumis aux mêmes règles. Assurément le droit matrimonial a ce caractère, mais c'est aussi un droit *sui generis* et il ne faut pas le confondre en tous points avec la dette spéciale établie par les articles 205 et suivants du Code Civil; aussi bien cette dette est-elle toujours fort minime, ce qui diminue l'inconvénient signalé, tandis que le droit du Conjoint est du quart de l'hérédité en usufruit et immobiliserait, dans le système que nous combattons, une portion plus notable de la fortune.

Quant à l'argument tiré de ce que les enfants du Conjoint, si celui-ci dissipe son droit matrimonial, seront exposés de sa part à une demande d'aliments, nous avouons qu'il nous touche peu, car il ne peut aboutir qu'à une protection outrée des individus contre leurs propres entraînements. Autant vaudrait alors généraliser de suite cette doctrine et, pour épargner aux enfants une charge éventuelle, proclamer l'inaliénabilité de toute la fortune du Conjoint survivant, de quelque source qu'elle provienne. Adopter une telle théorie, même dans les termes plus restreints et plus raisonnables où elle se produit, ce serait, à notre avis, exagérer outre mesure la protection des enfants et consacrer en même temps le mépris des droits du public, car le Conjoint ne saurait être, pour aucun motif, dispensé de s'acquitter envers ses créanciers.

Enfin, il va de soi que notre droit matrimonial ne serait pas dispensé *ipso jure* de la caution attachée en principe à l'Usufruit.

§ 4. *Cas où se perd le droit matrimonial.* — Ce droit, par suite de sa nature et de son caractère, s'éteindra évidemment par les mêmes causes que tout usufruit. Mais l'honorable M. Delsol restreint, en outre, la capacité de l'époux survivant dans deux cas qu'il convient d'examiner :

1° *De la séparation de corps.* — Avec beaucoup de raison, suivant nous, l'auteur du projet de loi propose de décider que « l'usufruit ne pourra être réclamé par l'époux contre lequel la séparation de corps aurait été prononcée. » — La séparation judiciaire, mesure des plus graves, a toujours pour cause soit un acte d'ingratitude, soit un fait d'indignité, et l'on ne saurait évidemment accorder un avantage au Conjoint qui s'est rendu coupable de l'un ou de l'autre. Aussi bien, depuis que le divorce est aboli, il y a tendance à étendre et à aggraver les conséquences de la séparation. Enfin, le Code civil lui-même permet la révocation des libéralités faites à l'époux contre qui la séparation de corps a été prononcée [1] : en déclarant celui-ci déchu de tout droit sur la succession de son conjoint, comme le propose M. Delsol, nous ne ferons donc qu'appliquer, en la généralisant, la théorie de notre Code.

2° *Du Convol en secondes noces.* — L'honorable député de l'Aveyron stipule aussi, à la fin de son article 767 nouveau, que le droit d'usufruit du Conjoint survivant cessera dans le cas d'un second ou subséquent mariage : « Il est naturel de présumer, dit-il, que l'époux prédécédé aurait retiré à son Conjoint l'émolument de survie que la Loi lui accorde, s'il avait prévu que celui-ci contracterait un nouveau mariage. Par ce nouveau mariage, l'époux entre dans une autre famille, et, si le défunt préférait son Conjoint à ses héritiers naturels, à coup sûr il préférait ses héritiers à une famille étrangère... »

L'auteur du projet de loi constate que cette disposition peut être critiquée et, de fait, elle l'a été dans le sein de la Commission d'initiative parlementaire [2]. Elle mérite, dans tous les cas, un sérieux examen.

A l'appui de cette thèse, on tire argument, par analogie, de l'article 386 du Code civil, aux termes duquel la mère, usufruitière légale des biens de ses enfants mineurs jusqu'à l'accomplissement de leur 18me année,

(1) Articles 955, 1046 et 1096. Nous pensons que M. Delsol se trompe en disant que ces libéralités sont révoquées *de plein-droit* : peut-être applique-t-il à la séparation de corps l'article 299, au titre du Divorce, mais cette extension nous paraît inadmissible, ledit article étant abrogé.

(2) Le même dissentiment s'est, paraît-il, produit à l'égard de cette disposition parmi les membres de la Commission de la Cour de cassation. — (*Juillet* 1874.)

en perd de plein-droit la jouissance dans le cas d'un deuxième mariage.

On peut ajouter que l'usufruit matrimonial, supposant une continuation idéale du mariage après la mort, doit cesser alors qu'un nouveau lien va créer à l'époux survivant un nouveau titre, un nouvel appui et de nouveaux droits. Après le convol en secondes noces, le souvenir de la précédente union est irrévocablement disparu, et dès lors il n'y a pas lieu de maintenir plus longtemps des avantages destinés à en perpétuer la mémoire. A ce point de vue, l'idée de M. Delsol est une application rigoureuse, mais fort logique, de principes essentiellement philosophiques.

Nous répugnons cependant à l'admettre, car, si choquant qu'il soit de voir le second époux jouir d'une partie de la fortune du premier, nous pensons fermement, avec plusieurs membres de la Commission parlementaire, qu'il ne serait ni bienséant ni moral de punir le Conjoint qui se remarie par la perte de son usufruit sur une partie des biens de son époux prédécédé. Une disposition répressive de cette nature aboutirait, — nous le redoutons du moins, — à empêcher presque complétement les seconds mariages et pourrait par là entrainer dans certains cas des conséquences profondément immorales.

VI.

DISPOSITIONS ACCESSOIRES.

Nous venons, Messieurs, de passer en revue les règles essentielles du droit matrimonial. Nous proposons, à l'exemple de M. Delsol, de les réunir et condenser dans l'article 767 (modifié) du Code civil : le quantum du droit, son établissement, ses garanties, la capacité de la personne qui doit en profiter, tout cela serait ainsi prévu et déterminé dans une disposition unique. Mais la modification apportée par là au texte de l'article 767 devrait entrainer *accessoirement*, mais nécessairement, d'autres changements dans diverses parties du même Code. Nous nous trouvons ainsi amené à étudier diverses questions (dont quelques-unes fort importantes), soulevées pour la plupart soit par l'exposé des motifs de la proposition de M. Delsol, soit par les traités d'autres jurisconsultes sur la matière : la logique la plus élémentaire impose, dans tous les cas, leur examen pour parvenir à bien spécifier les seuls changements qu'il serait indispensable d'apporter au Code civil pour concilier la reconnaissance légale de notre nouveau droit avec la législation actuelle sur l'obligation alimentaire.

§ 1. *De la réduction des donations et legs* (article 922 du Code civil). — En décidant que le droit matrimonial serait pris sur la réserve pour partie, nous en avons fait une véritable dette de la succession, qui doit être payée par les divers héritiers ou légataires proportionnellement à ce qu'ils reçoivent et conformément aux principes du Droit commun en matière de contribution aux dettes. Il importe de le déclarer expressément et il y aurait lieu, en conséquence, de modifier l'article 922 [1] pour y établir qu'il serait fait déduction du montant du droit matrimonial dans la masse des biens héréditaires sur laquelle se calcule la quotité disponible.

§ 2. *Droit de réserve.* — Mais, du moment qu'il s'agit d'une dette de la succession, on comprend que le droit matrimonial devra être essentiellement obligatoire et qu'il ne saurait être éludé par exhérédation directe ou indirecte. En un mot, nous accordons au Conjoint survivant une *Réserve légale*.

M. Delsol n'est pas de cet avis et trouve un tel avantage

(1) V. *infrà*, page 54.

trop considérable : « Il faut, dit-il, qu'un époux puisse exhédérer son Conjoint, si celui-ci a une fortune personnelle suffisante ou s'il a donné au défunt de graves sujets de mécontentement. » Dans le premier de ces deux cas, c'est-à-dire quand l'époux qui vient le premier à décès possède moins de fortune que son Conjoint, l'auteur de la proposition permet l'exclusion de celui-ci sous la forme d'une disposition explicite en faveur d'autres bénéficiaires, de façon à faire profiter par exemple les héritiers légitimes du *de cujus* de la portion de ses biens que la Loi réserverait au Conjoint survivant. Que si, d'autre part, l'un des époux a souffert toute sa vie du caractère ou de la conduite de l'autre, M. Delsol admet l'exhérédation formelle de celui-ci, et la 12me Commission d'initiative parlementaire pense avec lui qu'un époux ne doit point être condamné à laisser une partie de sa succession au Conjoint auquel il aurait à reprocher des torts graves à son égard.

Or, si légitimes que soient ou paraissent être des propositions de cette nature, elles ont à nos yeux le grave inconvénient de permettre à l'un des époux de manifester les mauvais sentiments dont il peut être animé vis-à-vis de son conjoint : cette animosité peut, d'ailleurs, être injuste et il importe d'en prévenir l'expression par une exhérédation, soit formelle, soit même tacite, qui, dans l'un et l'autre cas, serait susceptible de produire du scandale. Au moins, dans le système actuel, le silence de l'époux décédé sans dispositions de survie peut, même lorsqu'il est volontaire, être interprété comme un oubli aussi bien que comme une exclusion, de telle sorte qu'il n'en saurait résulter aucun préjudice pour la paix et la dignité des familles !

Etant donnés les caractères juridiques de l'émolument de survie que nous proposons d'accorder au Conjoint survivant, il serait singulièrement illogique de permettre que la volonté d'un époux pût se trouver en désaccord avec la Loi. Le système de l'honorable M. Delsol est donc, sur ce point, inconciliable avec notre théorie du droit matrimonial [1]. Au surplus, l'exhérédation formelle n'a point été admise par les rédacteurs du Code civil et, continuant à suivre le Droit commun, nous n'avons de modification à proposer dans aucun article de ce Code pour attribuer à notre émolument de survie le caractère d'une réserve légale.

§ 3. *Du paiement des dettes* (articles 870 et suivants, Code civil.) — Certains jurisconsultes pensent que le Conjoint survivant doit participer au paiement des dettes de la succession dans la proportion de ce qu'il y prend et proposent, en conséquence, que l'usufruit matrimonial soit compté, dans la contribution aux dettes, pour la moitié de la pleine propriété y afférente. Nous ne saurions admettre une telle doctrine : que le Conjoint ne soit payé qu'après les créanciers, rien de plus juste, mais il n'est pas héritier et ne doit pas, dès lors, être assimilé à un successible. Nous ne proposons donc encore aucune modification pour la 3me section du chapitre VI au titre des Successions.

§ 4. *Règles du Rapport* (articles 843 et suiv., Code civil.) — Le Conjoint qui veut profiter du droit matrimonial doit être soumis au rapport de tout ce qu'il a pu

(1) « De ces deux formes d'exclusion, dit M. le conseiller Baudouin dans son *Rapport*, la seconde (l'exhérédation) serait dans notre législation une innovation regrettable, répudiée justement par le législateur du Code civil, à raison de son caractère essentiellement irritant, incitant en quelque sorte vers l'offense. La première (disposition au profit de bénéficiaires autres que l'époux) serait sans doute moins blessante, mais, sous une forme ou sous une autre, la dignité et la paix des familles auraient certainement à souffrir de l'irritation ainsi sollicitée à se produire pour protester contre la bienveillance de la Loi. » Il est donc évident que la Cour de cassation, si elle admettait une modification de l'article 767 du Code civil, serait favorable à notre théorie, puisqu'elle combat sur ce point la proposition de loi. — (*Août* 1874.)

recevoir du défunt, car on ne saurait présumer que les héritiers aient besoin de payer à l'époux survivant un usufruit du quart ou de la moitié des biens successoraux, pour lui assurer une existence honorable, quand le défunt a déjà pris soin de pourvoir à cette existence. Notre but est, en effet, de rédiger une loi de prévoyance, qui répare l'oubli et supplée au silence : si donc elle doit compléter au besoin les prévisions insuffisantes du défunt, elle ne saurait attribuer à celui qui a déjà profité de libéralités autant qu'à celui qui n'a encore rien reçu. Voilà pourquoi nous serions d'avis d'imposer, le cas échéant, au Conjoint survivant, comme à un cohéritier, l'obligation du rapport.

Mais, comment intercaler cette disposition dans notre Code civil, sans en troubler l'harmonie ? Il suffirait, suivant nous, de réunir en un seul les deux articles 845 et 846, qui sont de médiocre étendue, et de formuler un nouvel article 846 conforme au principe que nous venons de poser [1]. Toutefois, afin de prévenir les inextricables difficultés destinées à naître, en cas de partage, de l'évaluation d'un usufruit, il conviendrait de décider d'une façon définitive que la nue-propriété et l'usufruit valent chacun une moitié de la pleine-propriété qu'ils représentent et de tenir compte de cette règle dans la rédaction de la disposition nouvelle.

§ 5. *Droit de réclamer des aliments* (art. 206-207, Code civil.) — Le droit matrimonial ne ferait point obstacle à l'action alimentaire réglée par la Loi entre ascendants et descendants : le Droit commun suffit pour permettre ce cumul. Il est évident que, si l'époux prédécédé a laissé une fortune de 20,000 francs par exemple, son Conjoint ne saurait vivre avec le revenu du quart, c'est-à-dire avec 250 francs par an ; si donc les héritiers ont d'autre part quelque bien et s'ils doivent, à titre de descendants ou

(1) V. *infrà*, page 54.

d'alliés, des aliments à ce conjoint, nous trouvons fort naturel qu'ils lui complètent des moyens de subsistance et réparent l'insuffisance de l'usufruit matrimonial.

Nous ne songeons donc nullement à diminuer les droits que confèrent à l'époux survivant les articles 205 et suivants du Code civil. Nous allons même plus loin et accorderions volontiers une nouvelle faveur au Conjoint en lui permettant de réclamer des aliments, non-seulement à ses enfants et à ses beau-père ou belle-mère, puis à ses beaux-frères et belles-sœurs, mais encore à tout héritier, même externe, de l'époux prédécédé. Toutefois, tandis que les ascendants et descendants continueraient à être tenus à cet égard pour toute leur fortune, quelle qu'en fût l'origine, les autres (collatéraux ou légataires) ne subiraient l'action alimentaire que sur les biens leur provenant de la succession de l'époux. Ce ne serait pas la personne de l'héritier externe, ce seraient plutôt les biens de l'époux prédécédé qui deviendraient en quelque sorte les débiteurs du Conjoint survivant, jusqu'à concurrence de la somme nécessaire à ses besoins, en vertu de cette fiction — déjà admise par nous — que l'hérédité de l'époux prémourant *continue* sa personnalité au point de vue de l'affection et de la sollicitude envers le survivant.

Nous proposerions donc de compléter dans ce sens l'article 206 [1]. Cette extension de l'action alimentaire est conforme aux principes d'après lesquels l'époux prédécédé est tenu de laisser à son Conjoint une part de sa fortune, suffisante pour assurer l'existence de celui-ci. Ne serait-il pas fâcheux que des parents éloignés ou des étrangers, après avoir acquis l'hérédité du prémourant, fussent moins tenus que les ascendants et les frères ou sœurs de cet époux envers son Conjoint? Or, cela serait plus scandaleux encore si les parents d'un degré plus

(1) V. *infrà*, page 54.

rapproché, déjà frustrés d'une partie de leurs droits au profit de ces héritiers éloignés ou de ces étrangers, se trouvaient en outre obligés d'acquitter, sur leurs biens propres, la pension du Conjoint survivant.

Il parait conforme au Droit commun et parfaitement raisonnable que le droit aux aliments, ainsi réglé, soit réciproque. Si l'époux qui survit a de son chef quelques biens et si, en même temps, les parents du défunt se trouvent dans la médiocrité, il est naturel que le premier ne prive pas de la jouissance d'un supplément de fortune, qui lui est inutile, des héritiers qui, au contraire, en ont besoin. Il nous semblerait donc opportun de modifier l'article 207 [1], aussi bien que le précédent, et d'y poser en principe que la pension alimentaire, due dans le cas actuel par le Conjoint, pourrait être équivalente au droit matrimonial, absolument comme elle atteindrait au besoin le chiffre de la fortune recueillie, dans le cas de l'article 206 (nouveau) où elle serait réclamée par l'époux survivant à des héritiers externes du prémourant.

VII.

CONCLUSIONS.

Dans le cours de notre discussion, Messieurs, nous avons eu soin de réfuter chaque objection au moment même où elle se présentait. Toutefois, il existe, à l'encontre des propositions que nous venons de développer, certaines préventions dont il importe de faire justice et qui, s'adressant à l'ensemble du projet de loi, n'ont pas pu être examinées au cours de cette étude. Il est, en effet, des jurisconsultes qui repoussent toute innovation au sujet des droits du Conjoint survivant, parce qu'ils trouvent

(1) V. *infrà*, page 55.

notre législation sur la matière parfaitement suffisante, sinon préférable à tout autre système. Puis il existe des législateurs qui, reconnaissant l'utilité d'une modification au régime actuel, lui opposent pour le moment une fin de non-recevoir tirée d'une question d'opportunité.

Ces deux ordres d'idées ont été soulevés dans le sein de la Commission d'initiative parlementaire qui ne s'y est pas arrêtée, puisqu'elle a voté la prise en considération de la proposition de loi de M. Delsol.

Les partisans du *statu quo* raisonnent ainsi : La communauté étant le régime légal entr'époux dans toute la France, le Conjoint survivant trouve, dans la moitié des biens qui lui revient, des ressources suffisantes; en outre, la plupart des contrats de mariage contiennent des stipulations de survie, à l'absence desquelles les époux peuvent toujours suppléer, au cours de leur union, par des libéralités volontaires. Par conséquent, la fixation d'avance, et par la loi, de la part du Conjoint survivant dans la succession du prémourant n'aurait que dans des cas excessivement rares un caractère de sérieuse utilité, tandis qu'elle présenterait souvent ce danger que l'éventualité, la perspective d'un usufruit à recueillir dans la succession d'un conjoint plus âgé ne devint un appât pour la cupidité de certaines gens qui rechercheraient alors le mariage en vue de cet usufruit légal et non pour la personne elle-même [1].

(1) Cette dernière partie de l'objection a été ainsi formulée, devant la Cour de cassation, par M. le conseiller Baudouin : « Loin de gagner en dignité, le mariage perdrait plutôt par la substitution d'une obligation légale au devoir moral qui reçoit actuellement satisfaction par la volonté des époux. La loi, dans sa sagesse, admet l'intérêt comme un auxiliaire utile des devoirs même les plus élevés. Mieux vaut, à ce point de vue, la libéralité de l'époux que celle de la Loi, la première encourageant pendant l'union le désir de la mériter, tandis que la seconde, par son assurance, développerait plutôt comme mobile du mariage les calculs de la cupidité. »

Bien que nous ayons déjà réfuté, au moins implicitement, plusieurs de ces arguments, nous ne cesserons de répondre, avec l'honorable M. Delsol, à nos adversaires que le régime légal de la communauté n'est pas universellement pratiqué en France, — car le régime dotal notamment reste en vigueur dans les anciens pays *de droit écrit*, — que d'ailleurs, dans le cas où la fortune des deux époux est immobilière, les revenus tombant seuls dans la communauté, le partage lors du décès du prémourant devient parfois illusoire, enfin que, dans presque tous les contrats, la communauté est stipulée réduite *aux acquêts* et que, dans cette hypothèse comme dans la précédente, il faut supposer des économies faites pendant le mariage pour que le survivant des époux ait quelque chose à prétendre sur la communauté. Si donc il est démontré qu'aucun des divers régimes matrimoniaux, même la communauté, n'associe et ne fait participer suffisamment l'un des époux à la fortune de l'autre, l'utilité d'une modification des droits des conjoints paraît manifeste, non-seulement pour les régions qui pratiquent le régime dotal, comme le midi de la France et la Normandie, mais encore, dans nombre de cas, pour les pays de communauté.

Puis, est-il bien nécessaire de répéter ici que beaucoup d'unions se font sans contrat de mariage, beaucoup de contrats sans stipulations de survie, et que, d'ailleurs, des dispositions de cette nature, destinées à obvier aux lacunes de notre Code, reposent sur des hypothèses douloureuses qu'il pourrait être plus convenable d'épargner à la sollicitude des époux et de leurs familles, en confiant à la Loi le soin de pourvoir d'avance à ce devoir de prévoyance? Cette considération, applicable aux contrats de mariage, répond en même temps à cet autre argument qu'il n'est pas sans avantage de laisser aux époux le soin de se témoigner leur affection par des libéralités volontaires durant le mariage [1]. Nous reprocherons, en outre, à cette dernière théorie de reposer sur un mépris absolu des plus respectables discrétions de l'affection : « Presque jamais, dit avec raison le Rapporteur de la Commission parlementaire, les époux, même liés par la plus étroite et la plus profonde affection, n'ont le soin ni le courage de prendre en temps utile leurs dispositions. Comment un époux délicat osera-t-il éveiller la pensée de la mort dans l'esprit de son conjoint et lui demander une libéralité pour le jour de leur séparation? Et si l'un des époux manque de délicatesse, si sa convoitise surmonte tous les scrupules, il sera donc seul à obtenir des libéralités, tandis que son conjoint hésitera à rien lui demander en échange? Ensuite, est-il bon que la pensée des époux soit constamment assiégée par des préoccupations d'avenir, et n'est-il pas préférable que la paix morale des familles trouve dans la loi sa source et sa garantie? N'est-ce pas le meilleur moyen de protéger la délicatesse et de faire taire la cupidité? »

Quant à l'argument tiré de ce que la perspective d'un usufruit à recueillir pourrait constituer une sorte de prime à la cupidité dans le mariage, il n'a aucune valeur contre la proposition de M. Delsol, dans laquelle un simple mot du conjoint épousé par intérêt peut ravir à l'autre le bénéfice de sa spéculation, mais il aurait incontestablement plus de force à l'encontre de notre système qui n'admet pas l'exhérédation directe ou indirecte. Toutefois, nous ne saurions croire que les propositions formulées par nous présentent le moindre danger de séduction pour les gens intéressés qui rechercheraient une union, disproportionnée au point de vue de l'âge, en vue des

(1) « Nous avons un système légal en accord avec nos habitudes et nos mœurs, et la disposition par la volonté des époux paraît préférable à la disposition par l'autorité de la Loi. » (*Rapport* de M. le conseiller Baudouin.)

avantages successoraux qu'ils en pourraient espérer. Nous pensons, avec l'honorable M. Delsol, que « les cupidités qui spéculent sur le mariage ont l'habitude de prendre autrement leurs précautions et leurs intérêts. »

Après avoir ainsi répondu à toutes les objections des jurisconsultes qui repoussent comme *mal fondée* la création d'un droit ou usufruit matrimonial, il nous reste à examiner l'argumentation de ceux qui considèrent seulement une telle innovation comme *non recevable* pour le moment.

Il ne faut pas, nous dit-on, toucher légèrement à l'édifice de notre législation civile, consacrée par le temps et dont des modifications partielles, mais incessantes, pourraient ébranler le prestige ; le titre *des Successions*, au Code civil, doit être particulièrement respecté, parce qu'il a été le fruit de la plus sérieuse élaboration et que nos mœurs nationales ont imprimé, pour ainsi dire, à cette partie de l'œuvre un caractère définitif : mieux vaudrait, dans tous les cas, procéder à une révision générale du Code et corriger, d'un seul coup, toutes les imperfections que le cours des années et la pratique des affaires ont pu y révéler ; mais cette révision d'ensemble est-elle opportune dans l'état actuel des esprits, assaillis par des préoccupations graves et de toute nature, est-elle même possible au milieu des circonstances que traverse notre pays [1] ?

(1) Cette question d'opportunité a paru décisive à la Cour de cassation pour écarter la proposition de loi de M. Delsol ; sa commission, sur ce point, s'est trouvée unanime : « Il nous a semblé à tous, dit M. Baudouin, que, sous ce rapport, elle (la proposition) est loin de mériter un tour de faveur législative sur tant d'autres idées impatientes de pénétrer dans nos Codes, au risque d'y créer des difficultés nouvelles et imprévues. — Notre législation civile, confirmée par l'épreuve d'une longue pratique, aidée des décisions de la jurisprudence qui depuis 70 ans en dissipe les incertitudes, veut n'être modifiée qu'avec une extrême circonspection, et cette prudence s'impose surtout lorsqu'il s'agit de cette partie complexe

Telle est, impartialement résumée, l'objection fondamentale qu'avant toute discussion les adversaires de la prise en considération de la proposition Delsol ont développée dans le sein de la 12me Commission d'initiative parlementaire.

Or, le projet de loi de l'honorable député de l'Aveyron, ou toute proposition tendant au même but, rentre essentiellement dans l'esprit du Code civil, et son adoption, réalisant la pensée manifeste et les intentions du législateur lui-même, comblerait dans son œuvre une lacune en effaçant une injustice. Tous nos efforts ont tendu à démontrer ce caractère « réparateur » de nos propositions auxquelles on ne saurait dès lors adresser sérieusement le reproche de risquer d'ébranler l'édifice de la Législation civile. « Le meilleur moyen de conserver une législation, dit M. Delsol, ne consiste-t-il pas à corriger successivement les défectuosités graves que la pratique y a fait apercevoir, comme dans un édifice on substitue des

de nos lois qui règle le droit successoral, si étroitement rattaché à l'intérêt des familles, à l'ordre dans l'Etat. Si l'instabilité sévit ailleurs, il est plus que jamais utile que la stabilité de la législation civile soit respectée. En tous cas, s'il peut devenir un jour nécessaire d'y introduire des innovations réclamées par des besoins sérieux, il serait préférable que l'on procédât par voie de révision générale après des études approfondies, plutôt que par des intercalations partielles et dans des temps troublés. — A l'unanimité, votre commission estime donc que les circonstances dans lesquelles notre pays s'agite se prêtent mal à de telles discussions et qu'il serait de haute prudence de les ajourner. »

Ces dernières considérations de l'éminent magistrat nous paraissent avoir une portée décisive à l'encontre de tout projet de révision générale du Code. Mais M. Delsol n'a jamais demandé rien de semblable, et nous croyons fermement qu'une simple modification de l'article 767 ne porterait pas plus atteinte à « la stabilité de la législation civile » que la modification de l'article 2102, précédemment votée par l'Assemblée nationale « dans des temps troublés ». L'argumentation qui précède dépasse donc, à notre sens, les proportions modestes de nos propositions. — (*Août* 1874.)

pièces neuves à celles que le temps a usées, ou dont il a démontré la complète insuffisance? » N'est-ce pas, au contraire, la révision générale, la refonte complète du Code civil qui offrirait des difficultés considérables et présenterait de graves périls en présence du nombre des questions controversées, des textes incomplets ou obscurs, des solutions variables de la jurisprudence?

Nous pensons, avec nos adversaires, qu'il faut se garder de porter une main téméraire sur le système successoral qui nous régit. Mais les propositions que nous avons formulées respectent mieux encore l'intégrité de ce système que le projet de loi de l'honorable M. Delsol. A la différence de ce jurisconsulte, nous avons refusé d'attribuer un droit héréditaire au Conjoint survivant, que nous tenons à maintenir dans sa situation de successeur *irrégulier*; nous ne touchons donc en rien à l'ordre des successions, ni à la qualité des successibles, et voulons seulement introduire dans le Code une modification accessoire qui, loin d'altérer l'ensemble de ses règles, réparerait l'oubli involontaire de ses rédacteurs, attesté par M. de Maleville, l'un d'eux.

L'Assemblée nationale actuelle n'a pas hésité à modifier l'article 2102 du Code civil, pour sauvegarder dans les faillites les intérêts légitimes du commerce. Ce faisant, elle n'a certainement porté aucune atteinte à l'intégrité ou au respect de notre Législation civile. Une loi de cette nature n'a paru à personne sortir de la mission d'une Assemblée qui s'est assigné pour tâche « de réorganiser le pays et de faire les lois de reconstitution. » C'est qu'il y a toujours *opportunité*, quoi qu'en pensent nos adversaires, à donner satisfaction aux intérêts privés que la Législation semble ne pas protéger suffisamment. Et d'ailleurs, est-il une loi, dirons-nous en terminant, avec l'auteur de la proposition, « est-il une loi d'un caractère plus élevé, touchant de plus près à la constitution de la famille, et par là même à l'ordre social, que celle qui doit régir d'une façon équitable les rapports successoraux entre-époux ? »

Parvenu au terme de cette étude, il ne nous paraît pas inutile de la résumer, et, pour bien faire saisir en même temps l'étendue et la portée de ce droit matrimonial que nous voudrions voir introduire dans la Législation française, permettez-nous, Messieurs, de vous rappeler, dans une simple énumération, l'ensemble des droits du Conjoint survivant, tel qu'il résulterait de l'agencement, avec les dispositions actuelles du Code civil, des diverses innovations que nous avons proposées; ces différents droits seraient :

1° *Le droit matrimonial*, attribué par le nouvel article 767 à l'époux *non remarié* [1], et contre lequel la séparation de corps n'aurait pas été prononcée ;

2° *Le droit aux aliments*, établi par les articles 205-210 et différent du précédent : en ce que sa quotité est indéterminée et peut, à l'occasion, se trouver supérieure à l'hérédité tout entière, — en ce qu'il n'est pas toujours accordé à l'époux non remarié, mais peut l'être aussi bien à celui qui a convolé en secondes noces [2], — et enfin en ce qu'il subsiste même en cas de séparation de corps; la pension alimentaire serait donc destinée, dans notre système, tantôt à compléter le droit matrimonial insuffisant, tantôt à le suppléer en tempérant ainsi la rigueur de la loi ;

3° *Les avantages testamentaires* et *Donations* à cause de mariage ou pendant le mariage (conformément aux articles 1094 et 1098), droit qui ne serait nullement supprimé par nos propositions, puisque celles-ci n'épuisent dans aucun cas la quotité disponible ;

(1) Si, bien entendu, l'on admet sur ce point la théorie de M. Delsol (*supra*, page 34.)

(2) Même observation.

4° Enfin, *le droit de succéder à la totalité des biens* de l'époux prédécédé, à défaut de parents au degré successible, droit qui absorbe évidemment tous les autres, puisqu'il n'est alors besoin ni de pension alimentaire, ni de testament, ni de donation, et qu'il ne pourrait davantage y avoir lieu, dans ce cas, à usufruit matrimonial.

J'ai fini, mes chers Collègues, et, après ces longues considérations, vous penserez sans doute avec moi, — en dehors de l'hypothèse bienveillante, mais déjà fâcheuse, d'un oubli, — qu'un des époux ne saurait dans aucun cas répudier, en mourant, l'obligation de protection et d'assistance qui lui incombait pendant sa vie et en déshériter le survivant qui a toujours partagé son existence et dont l'économie ou le travail ont peut-être contribué à l'édification de la fortune commune, attribuée par des circonstances diverses à un seul! En cherchant à vous démontrer que cela est inadmissible, que la Loi ne peut le permettre, qu'elle ne doit même pas le tolérer, j'espère avoir suffisamment rempli la mission, que votre bienveillance m'a confiée, de prendre le premier la parole à la reprise de nos travaux.

Le réglement de la Conférence Boncenne impose, comme sujets de nos « Discours de Rentrée », soit la biographie d'un jurisconsulte ou d'un orateur judiciaire, soit une étude empruntée à l'histoire ou à la philosophie du Droit. Aussi l'année dernière, à pareille époque, entendiez-vous un remarquable *Eloge de Becarria*, prononcé par notre excellent collègue M. Théophile Moussaud [1].

La thèse que j'ai eu l'honneur de soutenir devant vous

(1) Séance de Rentrée du 16 novembre 1872.

ne se prête point aux mêmes développements oratoires que le sujet choisi par mon devancier, mais, puisqu'il ne m'était guère possible — alors que le souvenir du discours de Me Moussaud est encore présent à vos esprits — de prendre aussi pour texte « la vie et les œuvres d'un jurisconsulte », vous me pardonnerez de vous avoir entretenu d'une question de Législation, aride à coup sûr, mais digne de toute votre attention. J'estime même que cette première séance de la troisième session de la Conférence n'aura pas été perdue si, dans la mesure de mes forces, j'ai pu tout au moins parvenir à vous convaincre que l'amélioration de la situation légale du Conjoint survivant intéresse à la fois les familles et la société !

ANNEXES.

PROPOSITION DE LOI

Ayant pour objet de modifier les droits de l'époux survivant sur la succession de son conjoint prédécédé.

I. — TEXTE DU PROJET

présenté le 21 mai 1872 par M. Delsol à l'Assemblée nationale [1]

Article 753 (nouveau) du code civil.

A défaut de frères ou sœurs ou de descendants d'eux, et à défaut d'ascendants dans l'une ou l'autre ligne, la succession est déférée pour moitié aux ascendants survivants, et pour l'autre moitié aux parents les plus proches de l'autre ligne, *sauf ce qui sera dit ci-après pour le conjoint survivant.*

Article 755.

Les parents au-delà du douzième degré ne succèdent pas.

A défaut de parents au degré successible dans une ligne, les parents de l'autre ligne succèdent pour le tout.

(1) On a imprimé en caractères ordinaires le texte ancien des articles du Code civil, conservé dans ce projet ou dans notre contre-projet, et en lettres italiques les additions ou modifications proposées pour ces mêmes articles.

Dans le cas où le défunt laisse son conjoint, celui-ci succède à la moitié des biens, s'il n'y a pas eu contre lui de jugement de séparation de corps et que les parents soient au-delà du sixième degré.

ARTICLE 758.

L'enfant naturel a droit à la totalité des biens, lorsque ses père ou mère ne laissent pas de parents au degré successible *ou de conjoint survivant.*

ARTICLE 767.

Lorsque le défunt ne laisse ni parents au degré successible, ni enfants naturels, les biens de sa succession appartiennent *pour le tout* au conjoint qui lui survit, *et contre lequel il n'y a pas eu de jugement de séparation de corps.*

Dans tous les cas, le conjoint survivant a sur les biens de l'époux décédé un droit d'usufruit réglé ainsi qu'il suit :

Si le défunt laisse des enfants communs, l'époux qui survit a l'usufruit d'une part d'enfant légitime, sans que cette part puisse être moindre que le quart des biens.

Si le défunt laisse des enfants nés d'un précédent mariage, l'usufruit sera d'une part d'enfant légitime le moins prenant, sans que cette part puisse excéder le quart des biens.

S'il n'y a point d'enfants, et que l'époux n'ait pas le droit de concourir avec les héritiers légitimes, l'usufruit sera de la moitié de la succession.

Néanmoins l'usufruit ne pourra être réclamé par l'époux contre lequel la séparation de corps aurait été prononcée, et il cessera dans le cas d'un second et subséquent mariage.

II. — TEXTE D'UN CONTRE-PROJET

(A LA PROPOSITION DE LOI DE M. DELSOL)

tendant à l'abrogation des articles 206, 207, 767, 846 et 922 du Code civil et à leur remplacement par les suivants :

ARTICLE 767. [1]

Lorsque le défunt ne laisse ni parents au degré successible, ni enfants naturels, les biens de sa succession appartiennent au conjoint qui lui survit.

En présence d'héritiers ou de légataires, le conjoint survivant a droit à un usufruit matrimonial du quart des biens de la succession de son conjoint prédécédé.

Cependant, s'il existe des enfants issus d'un autre mariage, l'usufruit ne peut excéder celui d'une part d'enfant.

Le droit matrimonial de l'époux, en concours avec des héritiers légitimes ou des légataires, est une dette de la succession payée par les héritiers, même réservataires, et légataires chacun dans la proportion de ce qu'il recueille dans la succession.

Il n'existe pas en faveur du conjoint contre lequel la séparation de corps a été prononcée, « et il cesse de plein « droit par le convol en secondes noces. [2] »

(1) Pour plus de clarté, et afin d'établir une concordance complète entre le texte de ce contre-projet et le discours auquel il se réfère, on a suivi ici l'ordre logique des matières et non le rang des articles dans le Code.

(2) Supprimer ce membre de phrase si l'on accepte, de préférence à la théorie de M. DELSOL, les considérations que nous avons développées à cet égard. (V. *supra*, p. 35.)

ARTICLE 922.

La réduction se détermine en formant une masse de tous les biens existants au *moment du* décès du donateur ou testateur. On y réunit fictivement ceux dont il a été disposé par donations entre-vifs, d'après leur état à l'époque des donations et leur valeur au temps du décès du donateur : après en avoir déduit les dettes *et ensuite le droit matrimonial établi en faveur du conjoint survivant par l'article 767 du présent Code*, on calcule sur tous ces biens quelle est, eu égard à la qualité des héritiers qu'il laisse, la quotité dont il a pu disposer.

ARTICLE 846, nouveau,

(l'ancien étant réuni à l'article 845.)

Lorsque le rapport doit être fait par le conjoint survivant, appelé à recueillir le droit matrimonial établi par l'article 767 du présent Code, la pleine propriété des libéralités ou gains de survie est comptée pour le double de l'usufruit de la même valeur.

ARTICLE 206.

Les gendres et belles-filles doivent également, et dans les mêmes circonstances, des aliments à leurs beau-père et belle-mère ; mais cette obligation cesse : 1° lorsque la belle-mère a convolé en secondes noces ; 2° lorsque celui des époux qui produisait l'affinité, et les enfants issus de son union avec l'autre époux, sont décédés.

En outre, tout héritier ou légataire de l'époux prédécédé doit au conjoint survivant, « non remarié [1] *et » contre lequel la séparation de corps n'a pas été pronon-*

(1) Même observation qu'à la note 2 de la page précédente.

cée, des aliments jusqu'à concurrence de ce qu'il a recueilli dans la succession de l'époux prédécédé.

ARTICLE 207.

Les obligations résultant de ces dispositions sont réciproques.

L'époux survivant pourra être tenu de fournir à tout héritier ou légataire de son conjoint prédécédé des aliments jusqu'à concurrence de la part supportée par cet héritier ou ce légataire dans le paiement de l'usufruit matrimonial établi par l'article 767 du présent Code.

ERRATA.

Page 12, aux lignes 4 et 23, *lire :* « droit », *au lieu de :* « Droit ».

Page 13. *Intercaler, entre les 23me et 24me lignes, le paragraphe suivant qui a été omis :*

Dans le canton de Genève, au contraire, les droits héréditaires du Conjoint qui survit continuent à être réglés comme en France. — Il en est de même en Belgique.

Page 18, à la ligne 28, *lire :* « articles », *au lieu de :* « articlcs ».

Page 19, à la ligne 31, *substituer les mots :* « l'appliquer », *à ceux-ci :* « le pousser ».

Page 20, à l'avant-dernière ligne, *lire :* « droit », *au lieu de :* « Droit ».

Page 26, en note, *lire :* (pages 39-41), *au lieu de :* (page 29).

Page 32, à la ligne 24, *lire :* « tout opposées », *au lieu de :* « toutes opposées ».

Niort. — Typographie de L. FAVRE.